L'OEUVRE

DE LA FRANCE

EN ITALIE

PARIS. — IMPRIMERIE DE VICTOR GOUPY, RUE GARANCIÈRE, 5.

L'OEUVRE

DE LA FRANCE

EN ITALIE

PAR

M. Charles GARNIER

PARIS

CHARLES DOUNIOL, LIBRAIRE-ÉDITEUR

Rue de Tournon, 29

1866

L'ŒUVRE

DE LA FRANCE

EN ITALIE

Nous avons encore, croyons-nous, quelques instants de réflexion avant l'ouverture de la guerre. Tâchons de les bien employer.

On veut entraîner notre pays dans une guerre révolutionnaire, au mépris de toutes ses traditions, au détriment de ses plus graves intérêts. Des voix écoutées, des voix à long écho, ont déjà traduit éloquemment les vœux de la France, jalouse de conserver pour elle, sinon pour autrui, les bienfaits de la paix. Ces aspirations à la paix sont d'autant plus significatives, que le peuple français ne marchande guère les sacrifices, quand l'honneur est engagé, et qu'il se laisse assez facilement aller à l'attrait de la gloire, au luxe des batailles. Mais d'un autre côté, des passions de sectaires, des instincts sans patriotisme s'agitent, pour obtenir que la France associe sa fortune à celle de l'Italie mazzinienne. En maudissant les traités de 1815, on demande que l'œuvre en soit continuée par le gouvernement lui-même, c'est-à-dire que le sang de nos soldats et les trésors de l'État soient employés à agrandir et fortifier nos voisins. Pour intéresser l'amour-propre national à cette politique d'aventures, on lui dit : La France ne peut, quoi qu'il arrive, laisser détruire son œuvre en Italie. Voilà le mot d'ordre que l'on colporte.

Eh bien ! soit : la France ne peut laisser détruire son œuvre en Italie. C'est aussi notre avis ; nous acceptons ce point de départ. Nous n'examinons pas si cette œuvre a été irréprochable ; nous la prenons telle quelle. Mais au moins ne faut-il pas faire de confusion. Quelle est l'œuvre de la France en Italie ? Qu'on ne nous donne pas l'œuvre du Piémont pour l'œuvre de la France.

Il est bien entendu que nous ne parlons ici que de l'œuvre officielle de la France, l'œuvre avouée. Si nous avions l'honneur de pouvoir prendre la parole au Corps législatif, nous rechercherions si cette œuvre avouée est bien toute l'œuvre avouable, et il ne serait pas très-difficile, nous semble-t-il, de faire remonter au gouvernement impérial une part de responsabilité dans les événements accomplis, plus lourde que celle qu'il entend assumer aux yeux de l'Europe. Ceci soit dit, pour ne pas encourir le reproche de naïveté. Nous prétendons que l'œuvre de la France ne peut être entamée en rien, quelle que soit l'issue de la lutte que provoque l'Italie, dût cette issue être la dislocation du royaume de Victor Emmanuel. Il n'est pas un acte public du gouvernement qui l'engage à soutenir l'Italie dans une entreprise contre la Vénétie ; nous ne connaissons pas une parole de l'Empereur, des ministres, des ambassadeurs, du *Moniteur*, qui garantisse au roi Victor Emmanuel les provinces annexées, ni même la Lombardie, s'il perd la Lombardie après une agression contre l'Autriche. Nous avons revu la collection des documents diplomatiques présentés aux Chambres, nous avons feuilleté le *Moniteur* depuis le 1er janvier 1859, et nous n'avons partout relevé que des déclarations pour décliner toute solidarité dans les faits et gestes de la politique unitaire, que des promesses de non-intervention solennellement et fréquemment renouvelées. Ces déclarations sont acquises à la France et à l'Europe, qui ont le droit de les invoquer. Peut-être certaines gens ne seraient-ils pas fâchés qu'on remuât le moins possible l'histoire de ces six dernières années. Mais il nous plaît de nous souvenir, et nous prétendons réveiller les mémoires qui sommeillent. Il serait vraiment trop commode que la parole du jour fût emportée par le vent du lendemain.

Or donc, voici ce que nous avons trouvé dans l'histoire officielle de la guerre de 1859 et des événements qui l'ont suivie :

Peu de jours avant la guerre, c'est-à-dire le 10 avril 1859, le *Moniteur* exposait ainsi la politique de la France en Italie et ailleurs :

« En Allemagne comme en Italie, elle veut que les nationa-
« lités *reconnues par les traités* puissent se maintenir et même
« se fortifier, parce qu'elle les considère comme des bases essen-
« tielles de l'ordre européen. »

L'entrée des armées autrichiennes en Piémont fut l'unique cause déterminante de l'intervention française, et M. le comte Walewski, ministre des affaires étrangères, écrivait, le 29 avril, à M. le marquis de Banneville, chargé d'affaires de France à Vienne : « ..... C'est le passage du Tessin qui nous oblige à « franchir les Alpes. »

L'Empereur part pour se mettre à la tête de l'armée, et il adresse un manifeste aux Français, dans lequel nous lisons ce qui suit :

« ..... Je veux maintenir sans faiblesse ma politique nationale et traditionnelle. Nous n'allons pas en Italie fomenter le

« désordre ni ébranler le pouvoir du Saint-Père que nous avons
« replacé sur son trône, mais le soustraire à cette pression
« étrangère qui s'appesantit sur toute la Péninsule. »

Dans la proclamation à l'armée, datée de Gênes et du 12 mai,
il dit : « Ici, ne l'oubliez pas, il n'y a d'ennemis que ceux qui se
« battent contre nous.... »

Même langage dans la proclamation de Milan, publiée trois
jours après la bataille de Magenta : « ....Je ne viens pas ici avec
« un système préconçu, *pour dépouiller les souverains*, ni pour
« imposer ma volonté. »

Lorsque l'Empereur signe la paix de Villafranca, il l'annonce
à l'Impératrice par un télégramme du 11 juillet, que nous
reproduisons ici :

« La paix est signée entre l'empereur d'Autriche et moi. Les
« bases de la paix sont :
« *Confédération italienne* sous la présidence honoraire du
« Pape.
« L'empereur d'Autriche cède ses droits sur la Lombardie à
« l'empereur des Français, qui les remet au roi de Sardaigne.
« L'empereur d'Autriche conserve la Vénétie, mais elle fait
« partie intégrante de la confédération italienne.
« Amnistie générale. »

Le lendemain, l'armée française est informée des conditions
de la paix par une proclamation datée de Valeggio. «.... Une
« confédération de tous les États de l'Italie, sous la présidence
« honoraire du Saint-Père réunira en un faisceau les membres
« d'une même famille. Les gouvernements *restés en dehors du*
« *mouvement ou rappelés dans lenrs possessions* comprendront
« la nécessité de réformes salutaires.... »

Ce programme de confédération, préparé par l'Empreur, objet de ses prédilections, présenté au jour des solutions pratiques, c'est-à-dire le lendemain de la victoire et de la paix, était naguère, d'après le langage officiel et officieux, la seule combinaison possible pour la réorganisation de l'Italie. Les confidents naturels et autorisés de l'Empereur répètent volontiers encore aujourd'hui que ce programme lui est toujours cher. Nous ne demandons pas mieux que de le croire. Qui aurait pu être converti à l'unité italienne par le spectacle des désordres de toute sorte dans lesquels se débat le royaume d'Italie, désordres tels qu'un des plus chauds apologistes de l'état de choses actuel, historiographe de la prochaine guerre, écrivait dernièrement : « La guerre ou l'anarchie, ceci ou cela », voilà l'alternative dans laquelle se trouve placée l'Italie. La confédération eût peut-être, après Villafranca, préservé la Péninsule des révolutions qu'elle a subies depuis. C'est ainsi que l'entendait M. de Morny, lorsque, présentant les félicitations du Corps Législatif à l'Empereur revenu à Saint-Cloud, il remerciait le vainqueur d'avoir « rendu à l'Italie la vraie liberté, en la délivrant du des-
« potisme, et *en lui interdisant les procédés révolutionnaires.* »

Comme commentaire explicatif des conditions de la paix de Villafranca, le *Moniteur* publiait le 9 septembre une longue et importante note, dont voici les passages essentiels :

« ... L'empereur d'Autriche céda sans contestation le terri-
« toire conquis, et relativement au second, il promit les plus
« larges concessions pour la Vénétie, admettant pour son orga-
« nisation future la position du Luxembourg. Mais il mettait à
« ces concessions, pour condition *sine qua non*, le retour des
« archiducs dans leurs États.
« Ainsi la question se trouvait bien nettement posée à Villa-
« franca : ou l'empereur ne devait rien stipuler pour la Vénétie,
« et se borner aux avantages acquis par les armes : ou bien,

« pour obtenir des concessions importantes et la reconnaissance
« du principe de nationalité, il devait donner son adhésion au
« retour des archiducs. Le *bon sens* traçait donc sa conduite,
« car il ne s'agissait nullement de ramener les archiducs avec
« le concours des troupes étrangères, mais, au contraire, de les
« faire rentrer avec des garanties sérieuses, par la libre volonté
« des populations, auxquelles on ferait comprendre *combien ce*
« *retour était dans les intérêts de la grande patrie italienne.*

« ... Si le traité était sincèrement exécuté, l'Autriche n'était
« plus pour la Péninsule cette puissance ennemie et redoutable
« contrariant toutes les aspirations nationales...

« ... Il est facile de comprendre que si, après la paix, les
« destinées de l'Italie eussent été confiées à des hommes *plus*
« *préoccupés de l'avenir de la patrie commune que de petits suc-*
« *cès partiels, le but de leurs efforts aurait été de développer et*
« *non d'entraver les conséquences du traité de Villafranca...*

« ... L'empereur, après ce qui s'était passé, devait compter
« sur le bon sens et le patriotisme de l'Italie, et croire qu'elle
« comprendrait le mobile de sa politique...

« Une partie des conditions de la paix de Villafranca n'étant
« pas exécutée, L'EMPEREUR D'AUTRICHE SE TROUVERA DELIÉ DE
« TOUS LES ENGAGEMENTS PRIS EN FAVEUR DE LA VENÉTIE. *In-*
« *quiété par des démonstrations hostiles sur la rive droite du Pô,*
« *il se maintiendra en état de guerre sur la rive gauche, et au*
« *lieu d'une politique de conciliation et de paix, on verra renaître*
« *une politique de défiance et de haine qui amènera de nouveaux*
« *troubles et de nouveaux malheurs.*

« ... Que l'Italie ne s'y trompe point, il n'y a qu'une seule
« puissance en Europe qui fasse la guerre pour une idée, c'est
« la France, *et* LA FRANCE A ACCOMPLI SA TACHE. »

Le paragraphe de cette note relatif à la Vénétie est d'une
actualité frappante.

Peu après, l'Empereur développa, dans une lettre au roi
Victor Emmanuel ses plans de confédération. La plupart des

journaux reproduisirent cette lettre, dont l'authenticité ne fut pas démentie; mais comme le document ne fut ni inséré au *Moniteur*, ni introduit dans les communications officielles faites aux Chambres, nous ne l'invoquerons pas.

Le traité de Zurich donne une forme régulière et définitive aux conventions de Villafranca. L'article 19 du traité de Zurich est ainsi conçu : « Les circonscriptions territoriales des États « indépendants de l'Italie, qui n'étaient pas partie dans la dernière « guerre, ne pouvant être changées qu'avec le concours des « Puissances qui ont présidé à leur formation et reconnu leur « existence, les droits du Grand-Duc de Toscane, du Duc de « Modène et du Duc de Parme sont expressément réservés « entre les hautes parties contractantes. »

En publiant le traité, le *Moniteur* du 11 novembre faisait remarquer justement que ses « diverses clauses, conçues dans « l'esprit des préliminaires de Villafranca, en consacrent les « dispositions. »

Le *Moniteur* du même jour contenait une circulaire du comte Walewski à nos agents diplomatiques, pour préciser la situation résultant du traité de Zurich. Nous détachons de la circulaire les passages suivants :

« Les négociations de Zurich avaient un point de départ et « un objet parfaitement définis à l'avance. Les préliminaires « de Villafranca indiquaient aux plénipotentiaires l'esprit dont « ils devaient s'inspirer, et le but qu'ils avaient à atteindre... »

« ... Sa position (celle de l'Autriche) *cesse entièrement d'être* « *oppressive et prépondérante*, et ne présente plus aucun carac- « tère qui ne puisse se concilier parfaitement avec le libre dé- « veloppement des intérêts politiques de l'Italie. »

« ... Pour les duchés, il a été établi que leurs limites territo- « riales, ne pouvant être changées sans le concours des Puissan-

« ces qui ont participé à leur formation, les droits des souve-
« rains de Toscane, de Modène et de Parme, sont réservés entre
« les parties contractantes.

« Enfin, les deux puissances s'engagent à donner leur appui à
« la formation, sous la présidence honoraire du Pape, d'une
« confédération des États de l'Italie, ayant pour but le dévelop-
« pement des intérêts moraux et matériels de tous ses membres,
« ainsi que la défense commune au moyen d'une armée fédé-
« rale; la Vénétie, tout en restant sous la couronne d'Autriche,
« devra faire partie de cette association. »

Voilà bien jusqu'ici l'œuvre de la France; elle peut se résu-
mer ainsi : Une conquête sur l'Autriche et le respect de tous les
droits des princes italiens. Nous défions qui que ce soit de
faire sortir l'unité italienne de ces actes et de ces paroles, et
surtout de trouver dans ces prémices l'engagement pris par la
France de faire plus encore, de conquérir de nouveau pour le
compte du Piémont. Comme l'a dit la note du *Moniteur* du 9 septembre 1859, plus haut citée : «la France a accompli sa tâche. »
Le reste est l'œuvre officielle du Piémont, et le reste, c'est
l'annexion accomplie on sait comment. Un illustre évêque a ré-
sumé l'histoire des procédés annexionnistes par ce mot qui mé-
rite de rester : plus de bombes que de boulets. On pourrait
ajouter : plus de mensonges encore que de bombes, et autant
d'argent que de mensonges. Si la monnaie de Judas s'est un peu
éparpillée dans le monde, la plupart des pièces sont restées en
Italie, où elles ont le cours libre et facile.

Nous éprouvons le besoin de répéter que nous n'avons pas à
examiner jusqu'à quel point le gouvernement français pouvait
et devait permettre d'accomplir ce qu'a accompli la révolution
italienne; nous acceptons telles quelles, sans contrôle, toutes
ses explications. Voyons maintenant si, dans la nouvelle phase,
il tient un autre langage que dans celle fermée par le traité de
Zurich.

Quand l'attitude du Piémont se dessine clairement, quand il paraît se décider à passer outre les conseils de la France et à franchir les barrières des traités, le gouvernement impérial croit devoir l'avertir des conséquences de sa conduite ; il pose au cabinet de Turin un dilemme redoutable : Si vous restez dans les limites que j'ai tracées, je vous garantirai ; si vous en sortez, non-seulement je ne vous suivrai pas, mais je vous abandonnerai dans les embarras créés par vos fautes. M. Thouvenel, qui tient la plume de la France, envoie à M. de Talleyrand, notre ministre plénipotentiaire à Turin, une dépêche qui ne laisse pas de doute sur la volonté « irrévocable » de son souverain. Ces avertissements et cette volonté sont formulés dans les passages suivants de la dépêche, qui est du 24 février 1860 :

« ... Le cabinet de Turin peut s'associer à nous pour l'ac-
« complissement de cette tâche, et le succès en serait vraisem-
« blablement assuré ; il est libre également d'adopter une voie
« différente, *mais les intérêts généraux de la France ne permet-*
« *traient pas au gouvernement de l'Empereur de l'y suivre*, et la
« loyauté nous commande de le dire. Ce sont les deux systèmes
« entre lesquels le gouvernement de Sa Majesté Sarde aura à
« faire un choix...

« ... Que la Sardaigne étende par trop son territoire, et le
« travail d'assimilation auquel elle aura à se livrer rencontrera
« des obstacles qu'elle ne doit pas assurément se dissimuler.
« Elle se trouvera, en réalité, moins puissante et surtout moins
« maîtresse de ses résolutions ; elle sera entraînée, elle ne diri-
« gera plus...

« ... Disons donc en toute franchise que le sentiment qui a
« fait surgir en certaines parties de l'Italie l'idée de l'annexion
« et qui en a fait émettre le vœu, est plutôt une manifestation
« dirigée contre une grande puissance *qu'un entraînement ré-*
« *fléchi vers la Sardaigne*. Ce sentiment, s'il n'était contenu
« dès le début, ne tarderait pas à se traduire en exigences, que

« la sagesse conseillerait au cabinet de Turin de combattre...

« ... Ce que j'ai dit de la nécessité de prévenir les dangers
« auxquels la Sardaigne se trouverait exposée si elle poursui-
« vait d'autres agrandissements, s'applique plus particulière-
« ment à la Sardaigne. L'idée de l'annexion du Grand-Duché,
« c'est-à-dire de l'absorption dans un autre État d'un pays doté
« d'une si belle et si noble histoire et si attaché jusqu'à ses tra-
« ditions, ne peut provenir assurément que d'une aspiration
« dont il est impossible au gouvernement de méconnaître le
« danger, *et qu'il est loin de croire partagée par la masse de la*
« *population...*

« Ai-je besoin maintenant, Monsieur le baron, de longs dé-
« tails pour expliquer notre attitude, si le cabinet de Turin,
« libre dans son option, préférait courir tous les hasards que
« j'ai signalés en le conjurant de les éviter ? L'hypothèse dans
« laquelle le gouvernement de Sa Majesté Sarde n'aurait qu'à
« compter *sur ses seules forces,* se développe en quelque sorte
« d'elle-même, et il me serait pénible de m'y appesantir. Je me
« borne donc à vous dire, par ordre de l'Empereur, que NOUS
« NE CONSENTIRIONS A AUCUN PRIX A ASSUMER LA RESPONSABILITÉ
« D'UNE PAREILLE SITUATION. Quelles que soient ses sympathies
« pour l'Italie, et notamment pour la Sardaigne qui a mêlé son
« sang au nôtre, Sa Majesté n'hésiterait pas à témoigner de *sa*
« *ferme et* IRRÉVOCABLE *résolution* de prendre les intérêts de la
« France pour unique guide de sa conduite. Comme je l'ai dit
« à M. le comte de Persigny, dissiper les illusions dangereuses,
« ce n'est pas restreindre abusivement l'usage que la Sardaigne
« et l'Italie peuvent vouloir faire de la liberté que nous nous
« honorerons toujours de les avoir aidées à conquérir, et que
« constatent en définitive les dernières déclarations que le gou-
« vernement de l'Empereur a obtenues de la cour de Vienne ,
« c'est simplement, je le répète, revendiquer l'indépendance de
« notre politique et la mettre à l'abri de complications que NOUS

« N'AURONS PAS A DENOUER, si nos conseils ont été impuissants
« à les prévenir. »

Que de choses dans ce précieux document ! Nous aurons
occasion d'y revenir.

Accentuant la situation nouvelle, le gouvernement impérial
fait connaître à l'Europe l'attitude qu'il vient de prendre vis-à-
vis du Piémont, et M. Thouvenel dans une dépêche de même
date, adressée à M. de Persigny, notre ambassadeur à Londres,
renouvelle dans des termes équivalents les déclarations qu'il a
transmises à Turin :

« ... Le gouvernement de l'Empereur, au nom des services
« qu'il a rendus, comme au nom d'intérêts qui ne lui sont pas
« exclusivement personnels, croit avoir qualité pour faire en-
« tendre quelques conseils à la Sardaigne, et sa loyauté lui com-
« mande de prouver en quelque sorte la mesure de l'appui qu'il
« lui serait possible de prêter à telle ou telle combinaison. Les
« illusions, en matière aussi grave, seraient dangereuses pour
« l'Italie et compromettantes pour la France; les dissiper, ce
« n'est donc pas vouloir contraindre la liberté de l'Italie, c'est
« simplement revendiquer celle de la France, et *dégager préala-*
« *blement son action, en prévision d'éventualités* dans lesquelles
« SES INTÉRÊTS LUI PRESCRIRAIENT IMPÉRIEUSEMENT DE SE TENIR
« A L'ÉCART *de complications qu'elle aurait vainement voulu épar-*
« *gner à une nation amie.* »

Le Piémont n'en retient pas moins Parme, Modène et la Toscane. Mais c'est à ses risques et périls, et le comte de Cavour est
obligé, vers la fin de mai 1860, de laisser tomber de la tribune
de la chambre des députés cet aveu :

« Nous n'avons pas la garantie de la France pour l'annexion. »

A l'égard de Rome et des Deux-Siciles, les actes et le langage officiels du gouvernement impérial ne sont pas moins expressifs ; peut-être même sont-ils plus hautement désapprobateurs des annexions, que l'orsqu'il ne s'agissait que des Duchés. Voici ce que nous apprennent les documents diplomatiques, en ce qui concerne les États de l'Italie.

Le cardinal Antonelli écrivait le 1er mars 1859 au cardinal Milesi, légat du Saint-Siége à Bologne :

« .... A l'occasion des événements actuels de l'Italie, le gou-
« vernement français, afin de calmer les appréhensions et les
« craintes touchant le Souverain Pontife et les États de l'Église,
« s'est empressé d'assurer, *dans les termes les plus formels* le
« gouvernement pontifical que, dans le cours de la présente
« guerre, S. M. l'Empereur et son gouvernement *ne permettront*
« *pas* que l'on tente impunément *aucune chose* au détriment des
« égards dus à l'auguste personne du Saint-Père *ou ayant pour*
« *but de ruiner sa domination temporelle.* »

« Quelles que puissent être les conséquences de la guerre dans
« la partie septentrionale de l'Italie, l'attitude du gouvernement
« français vis-à-vis des États Pontificaux sera, comme il le
« déclare, en tous points conforme au but qu'a eu la France en
« intervenant pour réparer les désordres de l'ancienne anarchie.
« Ces assurances ont acquis une latitude et une solidité plus
« grandes, d'après la réponse officielle que le gouvernement im-
« périal a donnée au Saint-Siége, de vouloir reconnaître et res-
« pecter complétement la neutralité que le gouvernement ponti-
« fical annonçait, il y a quelque temps, vouloir constamment
« maintenir, comme il avait déjà protesté de vouloir le faire
« dans d'autres circonstances analogues. »

Dans une allocution prononcée le 20 juin 1859, le Pape expri-
mait son entière confiance dans le maintien de sa souveraineté intégrale, confiance, disait-il, « encore accrue par ce fait que

« les armées françaises, actuellement en Italie, suivant les dé-
« clarations de notre cher Fils en J.-C. l'Empereur des Français,
« non-seulement ne feront rien contre notre puissance tempo-
« relle et celle du Saint-Siége, mais encore les défendront et
« les maintiendront. »

Une lettre de l'Empereur au Pape, en date du 31 décembre de
la même année, publiée par le *Moniteur* du 11 janvier suivant,
contenait ce passage :

« ... Le congrès va se réunir. Les puissances ne sauraient
« méconnaître les droits incontestables du Saint-Siége sur les
« légations. »

M. Thouvenel, écrivant le 30 janvier 1860 à notre ambassadeur, à Londres, pour répondre à une dépêche anglaise relative
à l'évacuation de Rome, disait :

« J'ai pu m'autoriser des ménagements dont il juge lui-
« même convenable que cette mesure soit entourée, pour bien
« établir que l'évacuation de Rome *devait nécessairement rester*
« *subordonnée* A LA CERTITUDE qu'il ne saurait en résulter un
« danger sérieux pour la sécurité du Saint-Siége. »

Lorsque les armées du Piémont commettent contre les États
pontificaux l'attentat qui a eu un si vaste retentissement,
quand Garibaldi est entré à Naples, plein déjà de bersagliers
piémontais débarqués, le *Moniteur* prend la parole, et une note
laconique insérée dans le numéro du 14 septembre porte ce qui
suit :

« En présence des faits qui viennent de s'accomplir en Italie,
l'Empereur a décidé que son ministre quitterait immédiate-

« ment Turin. Un secrétaire reste chargé des affaires de la léga-
« tion de France. »

Et des journaux étrangers mettant en doute la sincérité de
toutes ces désapprobations éclatantes des annexions, ces journaux osant même prétendre que l'invasion des États Romains
a été consentie secrètement à Chambéry par l'Empereur, M. le
Ministre des affaires étrangères, dans une circulaire du 18 oc-
tobre adressée à nos agents diplomatiques à l'étranger, proteste
énergiquement contre de pareilles insinuations.

Nous venons de le faire remarquer, quand le gouvernement
retire son ambassadeur de Turin, ce n'est pas seulement à cause
de l'envahissement des États Romains, c'est aussi comme con-
damnation de la conduite du cabinet piémontais à Naples. L'en-
voi de la flotte française dans les eaux de Gaete donne plus de
relief encore à cette réprobation. A cette époque, l'Empereur et
le roi François II échangèrent plusieurs lettres. Dans celle des
lettres de l'Empereur Napoléon, qui a été livrée à la publicité,
et qui porte la date du 6 décembre 1860, nous lisons ces mots :

« Lorsque l'*injuste agression du Piémont* vint aider la révolu-
« tion dans vos États et vous forcer à vous retirer à Gaëte, je
« resolus d'empêcher le blocus par mer, afin de donner à Votre
« Majesté une preuve de ma sympathie et éviter à l'Europe
« l'effrayant spectacle d'une lutte à outrance entre deux souve-
« rains alliés, et OU LE DROIT ET LA JUSTICE ÉTAIENT DU COTÉ DE
« CELUI QUI DEVAIT SUCCOMBER... »

Le même jour, M. Thouvenel adressant une circulaire à nos
agents diplomatiques au sujet du rappel de la flotte de Gaëte et
de la reprise de la lutte, émettait la prévision que le roi assiégé
succomberait, mais seulement sous « la supériorité de la
force. »

Les cabinets de Vienne, de Berlin et de Pétersbourg ayant fait à Paris une démarche pour obtenir que les vaisseaux français demeurassent devant Gaëte, M. le Ministre des affaires étrangères exprima au gouvernement russe, qui avait pris, croyons-nous, l'initiative de cette triple démarche, le regret de ne pouvoir condescendre à ce vœu, et donna cette excuse que l'Empereur ne pouvait « épouser matériellement les intérêts » de ce « souverain *injustement frappé* par la fortune », sans « manquer au principe de non-intervention » qu'il avait lui-même proclamé.

En même temps, M. Thouvenel expédiait à nos agents diplomatiques une circulaire conçue dans le même esprit. Le ministre y disait que l'Empereur n'avait pas la pensée « de s'in- « terposer dans une lutte à laquelle il était jusque-là demeuré, « et désirait rester étranger. » Il ajoutait : «*Le principe de non- « intervention est, selon nous, la règle de conduite la plus sage « dans les questions qui s'agitent en Italie.* »

On remarquera que cette dernière maxime est formulée d'une manière générale, et qu'elle est aussi applicable aujourd'hui qu'elle l'était hier.

En annonçant le rappel de la flotte, le *Moniteur* disait : « ... L'Empereur tenait à donner un témoignage de sympathie « à un prince cruellement éprouvé par la fortune... », et à l'ouverture de la session législative de 1861, s'expliquant sur le même objet, il se servait à l'égard du roi François II des expressions suivantes : « ... quelque digne de sympathie que fût une « infortune royale si noblement supportée. »

La désapprobation du gouvernement français n'a point cessé de se faire entendre, quand les diverses annexions ont été un fait accompli. Dans les documents diplomatiques présentés aux Chambres, à l'ouverture de la session législative de 1860, figurait encore une dépêche de M. Thouvenel, dont il faut citer cet extrait :

« Nous devons maintenir la loyauté de l'Empereur et la sin-
« cérité de sa politique au-dessus de toute suspicion... »

Au Sénat, dans la discussion de l'adresse, M. Billault, répondant à l'insinuation que le gouvernement avait favorisé sous main la politique annexionniste, s'écriait :

« ..... L'Empereur, depuis dix-huit mois, a-t-il lutté avec
« énergie et conviction pour le maintien de la politique qu'il a
« toujours proclamée, ou bien a-t-il joué une comédie indigne
« de la France, indigne de l'Empereur ? *Il n'y a pas de terme*
« *moyen.* Il faut choisir, et aucune confusion ne doit sub-
« sister. »

Devant le Corps législatif, M. Baroche n'était pas moins net :

« ..... Je ne viens pas, disait-il, défendre le Piémont ; ce serait
« parler contre ma pensée, car ma pensée est ici conforme à
« celle de l'Empereur, qui a dit, dans une circonstance solen-
« nelle, qu'il *condamnait tout ce qui était violation du droit et*
« *de la justice.* »

Où est donc encore, dans toute cette période des événements, l'œuvre de la France qu'il ne faut pas laisser détruire ?

On va nous objecter que les annexions ont eu la sanction du vote populaire, et que cette sanction a tout couvert, aux yeux du gouvernement impérial, sorti lui-même du vote universel.

Nous ignorons jusqu'à quel point le gouvernement français peut être flatté de cette assimilation entre le suffrage universel fonctionnant en France, et le suffrage populaire tel que l'a fait fonctionner la révolution italienne ; c'est son affaire, non la nôtre, d'accepter ou de repousser la comparaison. Il nous suffira de montrer, qu'en principe comme dans l'espèce, en droit comme en fait, le gouvernement impérial a dénié aux votes émis en Italie l'autorité qu'on prétend leur attribuer.

En droit, le gouvernement français a si peu reconnu la souveraineté populaire en matière de délimitations de frontières, qu'il a voulu tenir la Savoie et Nice d'un véritable traité conclu de souverain à souverain. Sans doute, il a demandé ensuite aux populations d'exprimer leur adhésion, mais ce vote n'était qu'une adhésion à l'acte souverain qui l'avait précédé. La teneur du traité de cession indique clairement la doctrine du gouvernement français. Voici le 1er article :

« Le roi de Sardaigne consent à la réunion de la Savoie et de
« l'arrondissement de Nice à la France, et renonce pour lui et
« ses descendants et successeurs, en faveur de l'Empereur des
« Français, à ses droits sur ces territoires. Cette réunion sera
« effectuée sans nulle contrainte de la volonté des populations,
« et les deux gouvernements se concerteront sur les meilleurs
« moyens d'apprécier et de constater les manifestations de cette
« volonté. »

Non moins explicite fut le langage de l'Empereur répondant aux députations savoisiennes qui lui apportaient les adresses de leurs concitoyens au sujet de la réunion du pays à la France.

« ... Le roi de Sardaigne, dit-il, ayant accédé au principe de
« la réunion de la Savoie et du comté de Nice à la France, je
« puis, *sans manquer à aucun devoir international*, vous témoi-
« gner ma sympathie et agréer l'expression de vos vœux...
« ... *Ce n'est ni par la conquête ni par l'insurrection* que la
« Savoie et Nice seront réunies à la France, mais PAR LE LIBRE

« CONSENTEMENT DU SOUVERAIN LÉGITIME *appuyé de l'adhésion*
« populaire. »

La différence entre les annexions italiennes et la réunion de
la Savoie et de Nice à la France est ici clairement établie. Il ré-
sulte des paroles qui précèdent que, aux yeux du gouvernement
français, une annexion n'était légitime qu'autant qu'elle était
librement consentie par le souverain, et qu'un autre souverain
ne pouvait annexer un État voisin sans manquer à ses devoirs
internationaux, lorsque l'annexion était le fruit de la conquête
ou de l'insurrection.

En fait, et eût-il même proclamé absolument le principe de
l'application du suffrage populaire en matière de délimitations
d'Etats, le gouvernement français n'a jamais cru un instant à la
loyauté du vote qui eut lieu dans les pays annexés. Le gouvernement impérial ne pouvait ignorer ce qui était de notoriété
publique, que nulle part le vote n'avait été libre. Nous avons
déjà vu par une dépêche de M. Thouvenel ce qu'il pensait
du vote annexionniste dans la Haute-Italie ; répétons ici ses paroles :

« Disons en toute franchise que le sentiment qui a fait surgir
« en certaines parties de l'Italie l'idée de l'annexion et qui en a
« fait émettre le vœu est plutôt une manifestation dirigée contre
« une grande puissance, *qu'un entraînement réfléchi vers la*
« *Sardaigne...* L'idée de l'annexion... ne peut provenir que
« d'une aspiration dont il est impossible au gouvernement de
« méconnaître le danger, et *qu'il est loin de croire partagée par*
la masse de la population. »

Quant à la valeur du vote dans les Deux-Siciles et dans les
États romains, c'est un protecteur de la révolution italienne,
c'est lord John Russell qui s'est chargé de la faire connaître

officiellement à l'Europe. Le ministre anglais écrivait le 21 janvier 1861 au représentant de la Grande-Bretagne à Turin :

« ... Je n'ai pas pris acte officiellement des décrets que vous
« m'avez envoyés, annexant non pas à la Sardaine, mais à l'État
« italien, Naples, la Sicile, l'Ombrie et les Marches.

« En fait, les votes par suffrage universel qui ont eu lieu
« dans ces royaumes et provinces paraissent au gouvernement
« de Sa Majesté AVOIR TRÈS-PEU DE VALIDITÉ.

« Ces votes ne sont autre chose qu'une *formalité succédant a*
« *des actes d'insurrection populaire et d'invasion victorieuse ou*
« à des traités, et N'IMPLIQUANT PAS EN EUX-MÊMES L'EXERCICE
« INDÉPENDANT DE LA VOLONTÉ DE LA NATION, *au nom de laquelle*
« *ils sont donnés.* »

Cependant le gouvernement français reconnaît le royaume d'Italie. Nous ne jugeons pas cet acte ; mais nous constatons qu'il est accompli sans impliquer l'absolution du passé et sans engager en rien l'avenir.

Le 16 juin 1861, M. Thouvenel notifiant la résolution impériale au chargé d'affaires de France à Turin, en précisait ainsi le sens et la portée :

« ... Le gouvernement de Sa Majesté n'a caché en aucune
« circonstance son opinion sur les événements qui ont éclaté
« l'an dernier dans la Péninsule. La reconnaissance de l'état
« de choses qui en est résulté ne POURRAIT DONC EN ÊTRE LA GA-
« RANTIE *de même qu'elle ne saurait impliquer l'approbation ré-*
« *trospective* d'une politique, au sujet de laquelle nous nous
« sommes constamment réservé une entière liberté d'appré-
« ciation. *Encore moins, l'Italie serait-elle fondée à y trouver un*
« *encouragement a des entreprises de nature à compromettre*
« *la paix générale.*

« Notre manière de voir n'a pas changé depuis l'entrevue de

« Varsovie, où nous avons eu occasion de la faire connaître à
« l'Europe comme au cabinet de Turin. En déclarant alors que
« nous considérions le principe de non-intervention comme une
« règle de conduite pour toutes les puissances, *nous ajoutions*
« *qu'une agression de la part des Italiens n'obtiendrait pas,*
« QUELQUE PUISSENT EN ÊTRE LES SUITES, *l'approbation du gou-*
« *vernement de l'Empereur.* Nous sommes restés dans les mêmes
« sentiments, et *nous déclinons d'avance toute solidarité* dans
« les projets dont le gouvernement italien AURAIT SEUL A ASSU-
« MER LES PÉRILS ET A SUBIR LES CONSÉQUENCES. »

Trois jours plus tard, le ministre des affaires étrangères ins-
truisant l'Europe de la reconnaissance du royaume d'Italie,
disait dans sa circulaire à nos agents diplomatiques accrédités
près des cours étrangères :

« .... Je n'ai pas manqué, en définissant la portée de notre dé-
« termination, de bien établir *qu'elle ne suppose en aucune ma-*
« *nière l'approbation d'une politique* dont, à une autre époque,
« nous avons blâmé les actes. Il n'appartient qu'à l'avenir de
« prononcer sur l'organisation la plus propre à fixer les destinées
« de la Péninsule. »

Le 25 juin, le *Moniteur* annonce officiellement que la reconnaissance est faite. Voici la note de l'organe officiel :

« L'empereur a reconnu le roi Victor-Emmanuel comme roi
« d'Italie. En notifiant cette détermination au cabinet de Turin,
« le gouvernement de Sa Majesté a déclaré QU'IL DÉCLINAIT
« D'AVANCE TOUTE SOLIDARITÉ DANS DES ENTREPRISES DE NATURE
« A TROUBLER LA PAIX DE L'EUROPE, et que les troupes françaises
« continueront d'occuper Rome tant que les intérêts qui les y
« ont amenées ne seront pas couverts par des garanties suffi-
« santes. »

Nous en avons fini avec les citations. Quel est maintenant l'homme sérieux qui oserait soutenir encore que la France, pour ne pas laisser détruire son œuvre, doit enchaîner sa politique au char de Garibaldi et de Mazzini, ou même du roi Victor Emmanuel?

Si nous tenions la plume d'un écrivain officieux et consciencieusement dévoué à l'empire, nous rappellerions que presque tous les embarras suscités au gouvernement datent de la guerre d'Italie et de ses suites.

Mais notre position n'est pas précisément celle d'un publiciste officieux et il nous suffit de mettre le gouvernement en présence de lui-même, de lui replacer sous les yeux ses promesses formelles, ses déclarations maintes fois réitérées. Quand nous relisons tous ces témoignages de la politique française, il nous semble impossible que la France puisse épouser les ambitions de l'Italie. Il faudrait brûler tous ces documents, pour entreprendre une nouvelle guerre de concert avec l'Italie. Et quelle valeur auraient d'autres traités, quand l'encre de Zurich est à peine sèche? Quelles garanties internationales seraient solides, si l'on passait outre toutes les déclarations que nous venons de rappeler? Quelles bases peuvent avoir les travaux du congrès qui va s'ouvrir, s'il est admis que les traités n'engagent point?

Voici donc quelle est notre conclusion :

Ou l'Italie pourra conquérir seule la Vénétie, ou elle sera battue. Dans le premier cas, nous n'aurions rien à objecter, et il nous suffirait que la France fût restée en dehors de la lutte. Dans le second cas, nous assisterions vraisemblablement à la dislocation de l'unité, par la seule force centrifuge des éléments hétérogènes, sans même que les armées autrichiennes pénétrassent plus avant dans la Péninsule. Or, cette dislocation serait une satisfaction pour la conscience publique, si longtemps outragée, et certes il n'est pas admissible que le gouvernement français veuille étayer de ses armes une œuvre dont il a tant de fois proclamé l'injustice, comme on l'a vu surabondamment dans ces pages. Nous n'avons pas de plans de reconstruction à exposer aujourd'hui ; avant la question des intérêts de tel ou tel prince italien, il y a la question de moralité publique ; il faut, avant tout, que le terrain soit déblayé ; quand table rase aura été faite, il sera temps alors de rebâtir, de réorganiser et d'appliquer des plans.

Nous demandons donc que le gouvernement impérial mette en pratique le principe de non-intervention qu'il a lui-même préconisé. Nous demandons qu'on laisse les Italiens faire et défaire. Nous demandons que le gouvernement impérial soit fidèle à sa promesse de n'assumer « AUCUNE SOLIDARITÉ, » de ne rien « DÉNOUER. » Nous terminons par le mot du *Moniteur* : « LA FRANCE A ACCOMPLI SA TÂCHE. »

Paris, 31 mai 1866.

PARIS. — IMP. V. GOUPY, RUE GARANCIÈRE, 5.